결국 쓰기력이 답이다

P단계 (예비 초~1학년 추천)

공부가 쉬워지는 글쓰기의 힘

P단계
예비 초~1학년 추천

결국 쓰기력이 답이다

20일 이면 완성되는 글쓰기의 기적!

문해력을 완성시키는 결정적 쓰기력!

표현력을 키우는
**글쓰기
습관**

성적을 키우는
**교과별
연계 학습**

성취감을 키우는
**하루
15분 플랜**

호들링북스

Part 1

글쓰기가
쉬워지면
공부가
쉬워집니다!

20일이면 완성되는 쓰기력의 모든 것

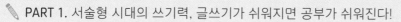

✏️ PART 1. 서술형 시대의 쓰기력, 글쓰기가 쉬워지면 공부가 쉬워진다!

✏️ PART 2. 학업능력을 좌우하는 쓰기력, 내 것으로 만들기 [4주 완성 플랜]

✏️ PART 3. 부모님과 선생님이 함께 보는 쓰기력 지도법

쓰기력이 강해지면 공부가 쉬워진다

- 평생을 가는 맞춤법, 띄어쓰기, 표현법 정확히 익히기
- 주제별 글쓰기 실전 연습을 통해 목적에 맞는 글쓰기 능력 향상
- 부모님과 선생님의 질문식 지도로 홈스쿨링 강화하기

1단계 문장 표현 정확히 알기 ▶

자음, 모음, 이중모음, 받침 있는 말 등 문장 구성에 필요한 표현을 익혀 문장력의 기초를 다집니다.

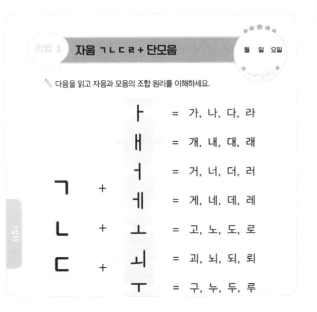

2단계 빈칸 채워가며 문장력 향상시키기 ▶

간단한 빈칸 형식의 문제를 풀어보며 문장력을 향상시키는 데 필요한 정확한 표현법을 숙지합니다. 이로써 글쓰기에 대한 자신감을 더욱 키울 수 있습니다.

3단계 나만의 완성된 글 써보기 ▶

주어진 표현법을 활용해 짧은 문장 글쓰기를 시작
하여 쓰기력의 기초를 다지고 쓰기에 대한 부담
을 줄여줍니다.

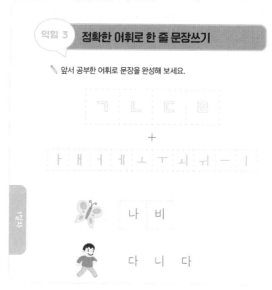

익힘 3 정확한 어휘로 한 줄 문장쓰기

✎ 앞서 공부한 어휘로 문장을 완성해 보세요.

4단계 주제별 글쓰기 실전연습 ▶

목적에 맞는 글쓰기를 직접 시도해 보고 다듬어가
며 완성도 있는 글쓰기에 도전합니다.
또래 친구의 글을 예시로 하여 글쓰기의 감을
익힐 수 있습니다.

익힘 4 또래 친구가 쓴 글 살펴보기

✎ 빈칸을 채우고 친구가 쓴 문장을 따라 써 보세요.

| 개 | 나 | 리 | 꽃이 활짝 피었다.

칸에 써 보기

자동차는 | 도 | 로 |를 달린다.

칸에 써 보기

내가 좋아하는 과일은 | 레 | 몬 |이다.

칸에 써 보기

5단계 질문식 지도로 문장력이 쑥 ▶

주제별 글쓰기에 대한 부모님, 선생님의 질문식
지도로 자기 생각을 글로 표현할 수 있는 가이드
라인을 제공합니다.

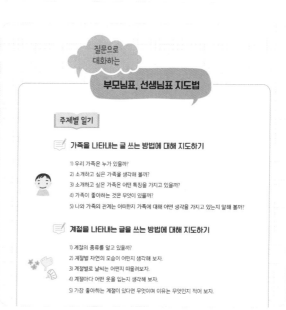

질문으로
대화하는

부모님표, 선생님표 지도법

주제별 일기

가족을 나타내는 글 쓰는 방법에 대해 지도하기

1) 우리 가족은 누가 있을까?
2) 소개하고 싶은 가족을 생각해 볼까?
3) 소개하고 싶은 가족은 어떤 특징을 가지고 있을까?
4) 가족이 좋아하는 것은 무엇이 있을까?
5) 나와 가족의 관계는 어떠한지 가족에 대해 어떤 생각을 가지고 있는지 말해 볼까?

계절을 나타내는 글을 쓰는 방법에 대해 지도하기

1) 계절의 종류를 알고 있을까?
2) 계절별 자연의 모습이 어떤지 생각해 보자.
3) 계절별로 날씨는 어떤지 떠올려보자.
4) 계절마다 어떤 옷을 입는지 생각해 보자.
5) 가장 좋아하는 계절이 있다면 무엇이며 이유는 무엇인지 적어 보자.

1. 글쓰기가 두려운 아이들, 서술형 시대를 만나다.

글쓰기가 어려운 이유

글쓰기란 무언가를 읽고 생각한 뒤 자신의 문장으로 표현하는 종합적인 과정을 의미합니다. 이 과정에서 어휘력, 독해력, 사고력, 창의력이 모두 발휘되어야 하는 만큼 아이들에게 글쓰기는 어려울 수밖에 없는 영역이 분명합니다. 더구나 어려서부터 미디어를 접하고 짧은 형식의 콘텐츠에 익숙한 아이들에게 긴 글로 자신의 생각을 풀어내기란 여간 어려운 일이 아닙니다. 초등학생 자녀를 둔 하부모님들을 대상으로 설문조사를 실시한 결과 학부모님들의 가장 큰 고민은 아이들의 쓰기력에 있었습니다.

쓰기력이 경쟁력이 되는 시대

문제는 현재의 교과과정은 쓰기력을 갖춘 학생이 성공할 수 있는 시스템이라는 점입니다. 지금은 바야흐로 서술형 시대라 부를 수 있습니다. 교과과정에 있는 모든 문제들이 긴 지문으로 이루어져 있고, 답안 또한 문장 형식으로 완성해야 합니다. 수학과 영어를 공부함에 있어서도 문장을 제대로 쓰고 이해할 수 있어야 좋은 학업 성과를 기대할 수 있습니다. 글쓰기를 싫어하는 아이들, 글쓰기를 요구하는 학업 과정 사이에서 어떻게 해야 쓰기력을 향상시킬 수 있을까요? 이 책은 그에 대한 해답을 제공하고자 합니다.

2. 매일매일의 쓰기력이 성공을 좌우한다.

쓰기력을 향상시키는 방법은 다음과 같습니다.
첫째, 매일 15분씩 글쓰기 습관 들이기
둘째, 또래 친구가 쓴 글을 따라 써보며 글쓰기의 감 익히기
셋째, 나만의 문장으로 글쓰기를 완성하며 성취감 높이기

이렇게 매일매일 글을 쓰고 완성시키는 경험 속에서 아이들의 글쓰기 자신감은 부쩍 자라 있을 것입니다. '결국 쓰기력이 답이다'는 쓰기에 강한 아이들로 성장할 수 있는 밑거름을 마련하고자 합니다.

왜 '결국 쓰기력이 답이다'인가?

❶ 쓰기에 필요한 표현법을 정확히 익힌다.

📖 맞춤법, 띄어쓰기, 사자성어, 관용어 등 글쓰기에 필요한 배경지식을 탄탄히 다질 수 있게 구성되어 있습니다. 올바른 표현법을 숙지하고 글을 쓰는 만큼 글쓰기에 대한 자신감이 크게 향상됩니다.

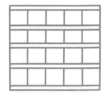

❷ 빈칸 채우기를 통해 쓰기 동기를 키운다.

📖 바로 글쓰기에 돌입하기 어려운 아이들을 위해 빈칸 채우기 형태로 쓰기에 가까워질 수 있게 구성하였습니다. 빈칸을 채워가며 창의력, 사고력을 기르고 쓰기 동기를 키워 글쓰기에 대한 두려움을 없애게 됩니다.

❸ 직접 문장을 써볼 수 있게 하여 쓰기력을 기른다.

📖 짧은 글쓰기부터 실전 글쓰기까지 자신이 직접 문장을 써볼 수 있게 유도하여 실질적인 글쓰기 능력을 향상시키는 데 중점을 두었습니다. 스스로 글쓰기를 해결해나가는 경험을 제공합니다.

❹ 친구가 쓴 글을 따라 쓰며 문장력을 향상시킨다.

📖 또래 친구가 쓴 글을 보며 문장 표현과 쓰기 형태를 다양하게 확장시킬 수 있습니다. 받아쓰기 형태로 올바른 글쓰기 연습도 병행할 수 있어 학생들의 필력 향상과 예쁜 글쓰기에 도움을 줍니다.

❺ 쓰기력 단시간 완성 학습로드맵이 분명하다.

📖 하루 15분이면 완성되는 단시간 학습 로드맵으로 구성되어 아이들이 지루하지 않게 글쓰기에 흥미를 높일 수 있습니다. 매일매일의 꾸준함이 더해져 아이들의 글쓰기 능력을 크게 향상시킬 수 있습니다.

❻ 주제별 글쓰기 훈련이 이루어져 생각 표현에 도움을 준다.

📖 자신의 경험, 생활을 일기 형식으로 적어보며 글쓰기에 익숙해질 수 있습니다. 글의 소재를 직접 찾고 꾸준히 글을 써보며 생각을 표현하는 능력도 향상시킬 수 있습니다.

초등 단계별 쓰기력 발달 과정

단계	단계별 발달 특징	글쓰기 지도 방식
P단계 (예비 초등 1학년)	• 책읽기를 좋아하고 쓰기에 처음 관심이 생김 • 상상력이 풍부하고 호기심이 많음	📝 받아쓰기를 통해 기초적인 문장 표현을 익힐 수 있게 지도한다. 📝 상상력과 창의력을 자신만의 글로 풀어낼 수 있게 그림과 글을 혼합한 글쓰기 형태를 제시한다.
1단계 (1, 2학년)	• 자기 경험을 말하기 좋아하고 칭찬받고 싶은 욕구가 강함 • 쓰기에 대한 의욕은 넘치나 표현력이 부족한 시기 • 분명한 생각은 있지만 '왜' 그런 생각을 했는지까지는 글로 쓰기 어려워함	📝 맞춤법, 띄어쓰기 등 표현력이 부족한 부분을 보완할 수 있게 기초를 탄탄히 다진다. 📝 '왜'라는 질문을 던져 자신의 생각을 뒷받침할 수 있는 문장을 써볼 수 있게 지도한다.
2단계 (3, 4학년)	• 책읽기에 대한 편식이 생기고 학습 능력 격차가 벌어짐 • 자신이 경험한 일을 이야기 하기 좋아함 • 글씨체가 흐트러지기 쉬운 시기	📝 자신이 경험한 일을 글로 써 볼 수 있게 하여 글쓰기에 대한 자신감을 높인다. 📝 글씨체가 흐트러지지 않게 올바른 서체의 글을 받아쓸 수 있게 연습시킨다.
3단계 (5, 6학년)	• 비판적 사고가 발달하고, 논리적 표현 능력이 향상되는 시기 • 학습 의욕에 편차가 생겨 글쓰기에 대한 의욕이 상실되는 경우 발생	📝 보다 다양한 유형의 글쓰기를 시도하며 논리적 표현 방법을 완전히 익히도록 한다. 📝 글쓰기에 대한 동기부여를 하여 학습 의욕과 글쓰기 의욕을 향상시킨다.

결.쓰.답의 쓰기력 향상 PROCESS

어휘력, 문해력 향상

다양한 유형의 지문
읽기를 통한 문해력 학습

교과 과정에 맞춘
단계별 어휘력 학습

쓰기력 향상

짧은 글쓰기
+
교과별 실전 글쓰기

또래 친구가 쓴 글 받아쓰기로
문장력 업그레이드

어휘력

• 중심 어휘
• 관련 어휘
• 어휘 활용

문해력

• 내용 이해
• 관련 어휘
• 제목 짓기

쓰기력

• 표현 이해
• 문장 쓰기
• 받아 쓰기

독해력

• 지문 이해
• 관련 어휘
• 독해 문제

한글 조합 원리

자음 19개				
ㄱ	ㄴ	ㄷ	ㄹ	ㅁ
ㅂ	ㅅ	ㅇ	ㅈ	ㅊ
ㅋ	ㅌ	ㅍ	ㅎ	
ㄲ	ㄸ	ㅃ	ㅆ	ㅉ

모음 21개				
단모음	ㅏ	ㅐ	ㅓ	ㅔ
	ㅗ (ㅚ)	ㅜ (ㅟ)	ㅡ	ㅣ
이중모음	ㅑ	ㅒ	ㅕ	ㅖ
	ㅘ	ㅚ	ㅙ	ㅛ
	ㅝ	ㅞ	ㅞ	ㅠ	ㅢ

Part 2

학업능력을 좌우하는 쓰기력 내 것으로 만들기

Chapter 1.

자음 더하기 단모음

자음 ㄱㄴㄷㄹ + 단모음

✎ 다음을 읽고 자음과 모음의 조합 원리를 이해하세요.

ㅏ	=	가, 나, 다, 라
ㅐ	=	개, 내, 대, 래
ㅓ	=	거, 너, 더, 러
ㅔ	=	게, 네, 데, 레
ㅗ	=	고, 노, 도, 로
ㅚ	=	괴, 뇌, 되, 뢰
ㅜ	=	구, 누, 두, 루
ㅟ	=	귀, 뉘, 뒤, 뤼
ㅡ	=	그, 느, 드, 르
ㅣ	=	기, 니, 디, 리

ㄱ
ㄴ +
ㄷ +
ㄹ +

자음 ㄱ ㄴ ㄷ ㄹ + 단모음 단어 익히기

✏️ 다음을 보며 자음과 모음의 조합으로 이루어진 단어를 익혀 보세요.

가	지

대	나	무

나	라

라	디	오

다	리

두	부

거	미

귀	마	개

너	구	리

네	모

더	위

구	두

내	일

그	네

1일차

21

정확한 어휘로 한 줄 문장 쓰기

✎ 앞서 공부한 어휘로 문장을 완성해 보세요.

ㄱ ㄴ ㄷ ㄹ

+

ㅏ ㅐ ㅓ ㅔ ㅗ ㅜ ㅚ ㅟ ㅡ ㅣ

나 비

다 니 다

가 예쁜 꽃 위를

날아 .

22

✎ 빈칸을 채우고 친구가 쓴 문장을 따라 써 보세요.

| 개 | 나 | 리 | 꽃이 활짝 피었다.

칸에 써 보기

자동차는 | 도 | 로 | 를 달린다.

칸에 써 보기

내가 좋아하는 과일은 | 레 | 몬 | 이다.

칸에 써 보기

| 거 | 미 | 는 | 다 | 리 | 가 8개이다.

칸에 써 보기

1일차

자음 ㅁ ㅂ ㅅ + 단모음

내 싸인을 해요

✎ 다음을 읽고 자음과 모음의 조합 원리를 이해하세요.

2일차

		ㅏ	=	마, 바, 사
		ㅐ	=	매, 배, 새
		ㅓ	=	머, 버, 서
ㅁ	+	ㅔ	=	메, 베, 세
ㅂ	+	ㅗ	=	모, 보, 소
ㅅ	+	ㅚ	=	외, 뵈, 쇠
		ㅜ	=	무, 부, 수
		ㅟ	=	위, 뷔, 쉬
		ㅡ	=	므, 브, 스
		ㅣ	=	미, 비, 시

자음 ㅁ ㅂ ㅅ + 단모음 단어 익히기

다음을 보며 자음과 모음의 조합으로 이루어진 단어를 익혀 보세요.

 마 루

 베 다

 바 구 니

 세 수

 사 이

 무 리

 매 미

 부 리

 배 움

 소 리

 새 우

 쉬 다

 메 모

 비 행 기

정확한 어휘로 한 줄 문장 쓰기

✏️ 앞서 공부한 어휘로 문장을 완성해 보세요.

ㅁ | ㅂ | ㅅ

＋

ㅏ | ㅐ | ㅓ | ㅔ | ㅗ | ㅜ | ㅚ | ㅟ | ㅡ | ㅣ

 새

 비 행 기

　 는

처럼 하늘을 날 수 있다.

또래 친구가 쓴 글 살펴보기

✏️ 빈칸을 채우고 친구가 쓴 문장을 따라 써 보세요.

강한 해가 비추어서 | 모 | 자 | 를 썼다.

칸에 써 보기

| 매 | 미 | 는 여름 곤충으로 나무에 붙어서 산다.

칸에 써 보기

나는 | 매 | 일 | 아침 사과를 먹는다.

칸에 써 보기

| 새 | 우 | 를 | 바 | 구 | 니 | 에 담았다.

칸에 써 보기

2일차

자음 ㅇ ㅈ ㅊ + 단모음

✎ 다음을 읽고 자음과 모음의 조합 원리를 이해하세요.

	ㅏ	=	아, 자, 차
	ㅐ	=	애, 재, 채
	ㅓ	=	어, 저, 처
ㅇ	ㅔ	=	에, 제, 체
ㅈ +	ㅗ	=	오, 조, 초
ㅊ +	ㅚ	=	외, 죄, 최
+	ㅜ	=	우, 주, 추
	ㅟ	=	위, 쥐, 취
	ㅡ	=	으, 즈, 츠
	ㅣ	=	이, 지, 치

자음 ㅇ ㅈ ㅊ + 단모음 단어 익히기

다음을 보며 자음과 모음의 조합으로 이루어진 단어를 익혀 보세요.

 아 가 미

 우 주

 자 동 차

 이 야 기

 재 미

 죄 수

 채 소

 오 이

 체 육

 초 대

 오 리

 추 석

 조 개

 취 미

익힘 3 정확한 어휘로 한 줄 문장 쓰기

✎ 앞서 공부한 어휘로 문장을 완성해 보세요.

＋

| ㅏ | ㅐ | ㅓ | ㅔ | ㅗ | ㅜ | ㅚ | ㅟ | ㅡ | ㅣ |

아 침

오 르 다

운동으로

동네 산을 　　　　　　.

30

또래 친구가 쓴 글 살펴보기

✏️ 빈칸을 채우고 친구가 쓴 문장을 따라 써 보세요.

| 애 | 벌 | 레 | 는 나뭇잎을 먹는다.

칸에 써 보기

| 채 | 소 | 반찬을 골고루 먹어야 한다.

칸에 써 보기

도서관에서는 | 조 | 용 | 히 | 책을 읽어야 한다.

칸에 써 보기

| 치 | 아 | 가 썩으면 | 치 | 과 | 에 가야한다.

칸에 써 보기

31

자음 ㅋㅌㅍㅎ + 단모음

✎ 다음을 읽고 자음과 모음의 조합 원리를 이해하세요.

ㅋ ㅌ ㅍ ㅎ + ㅏ ㅐ ㅓ ㅔ + ㅗ ㅚ ㅜ ㅟ + ㅡ ㅣ

ㅏ = 카, 타, 파, 하

ㅐ = 캐, 태, 패, 해

ㅓ = 커, 터, 퍼, 허

ㅔ = 케, 테, 페, 헤

ㅗ = 코, 토, 포, 호

ㅚ = 쾨, 퇴, 푀, 회

ㅜ = 쿠, 투, 푸, 후

ㅟ = 퀴, 튀, 퓌, 휘

ㅡ = 크, 트, 프, 흐

ㅣ = 키, 티, 피, 히

자음 ㅋ ㅌ ㅍ ㅎ + 단모음 단어 익히기

✏️ 다음을 보며 자음과 모음의 조합으로 이루어진 단어를 익혀 보세요.

 카 레   후 추

 토 마 토   포 도

 코 끼 리   기 타

 파 뿌 리   태 도

 퍼 지 다   허 리

 하 루   크 기

 해 외   피 해

4일차

정확한 어휘로 한 줄 문장 쓰기

✎ 앞서 공부한 어휘로 문장을 완성해 보세요.

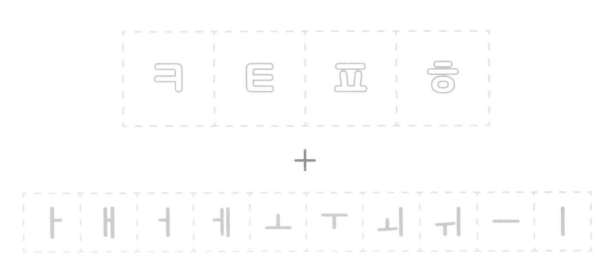

ㅋ ㅌ ㅍ ㅎ

+

ㅏ ㅐ ㅓ ㅔ ㅗ ㅜ ㅚ ㅟ ㅡ ㅣ

코 스 모 스

피 다

길가에 [   ] 가

활짝 [   ] .

또래 친구가 쓴 글 살펴보기

✎ 빈칸을 채우고 친구가 쓴 문장을 따라 써 보세요.

| 코 | 끼 | 리 | 는 코를 손처럼 사용한다.

칸에 써 보기

아궁이에 나무를 넣어 | 태 | 우 | 다 |.

칸에 써 보기

농부는 밭에서 빨간 | 토 | 마 | 토 |를 딴다.

칸에 써 보기

맑은 | 호 | 수 |에 많은 물고기가 놀고 있다.

칸에 써 보기

4일차

35

✎ 다음을 읽고 자음과 모음의 조합 원리를 이해하세요.

5일차

ㄲ
ㄸ
ㅃ
ㅆ
ㅉ

＋

＋

＋

＋

ㅏ = 까, 따, 빠, 싸, 짜

ㅐ = 깨, 때, 빼, 쌔, 째

ㅓ = 꺼, 떠, 뻐, 써, 쩌

ㅔ = 께, 떼, 뻬, 쎄, 쩨

ㅗ = 꼬, 또, 뽀, 쏘, 쪼

ㅚ = 꾀, 뙤, 뾔, 쐬, 쬐

ㅜ = 꾸, 뚜, 뿌, 쑤, 쭈

ㅟ = 뀌, 뛰, 쀠, 쒸, 쮜

ㅡ = 끄, 뜨, 쁘, 쓰, 쯔

ㅣ = 끼, 띠, 삐, 씨, 찌

자음 ㄲㄸㅃㅆㅉ + 단모음 단어 익히기

✏️ 다음을 보며 자음과 모음의 조합으로 이루어진 단어를 익혀 보세요.

 까 치

 뿌 리

 꼬 리

2-1= 빼 기

 어 깨

 쓰 레 기

 떠 들 다

 싸 우 다

따 다

 찌 꺼 기

 뜨 다

 찌 개

 메 뚜 기

 짜 다

5일차

37

정확한 어휘로 한 줄 문장 쓰기

✎ 앞서 공부한 어휘로 문장을 완성해 보세요.

ㄲ ㄸ ㅃ ㅆ ㅉ

+

ㅏ ㅐ ㅓ ㅔ ㅗ ㅜ ㅚ ㅟ ㅡ ㅣ

꼬 리

빠 르 게

강아지는 주인을 보고 　　　　를

　　　　　흔들었다.

38

또래 친구가 쓴 글 살펴보기

✎ 빈칸을 채우고 친구가 쓴 문장을 따라 써 보세요.

| 깨 | 를 넣어 온 가족이 송편을 만들었다.

칸에 써 보기

| 토 | 끼 | 는 달리기가 | 빠 | 르 | 다 |.

칸에 써 보기

나무의 | 뿌 | 리 | 가 흙 밖으로 드러나다.

칸에 써 보기

| 찌 | 개 | 에 소금을 많이 넣어서 | 짜 | 다 |.

칸에 써 보기

Chapter 2.

자음
더하기
이중모음

✎ 다음을 읽고 자음과 모음의 조합 원리를 이해하세요.

ㄱ
ㄴ   +
ㄷ   +
ㄹ   +

ㅑ = 갸, 냐, 댜, 랴

ㅒ = 걔, 냬, 댸, 럐

ㅕ = 겨, 녀, 뎌, 려

ㅖ = 계, 녜, 뎨, 례

ㅘ = 과, 놔, 돠, 롸

ㅚ = 괴, 뇌, 되, 뢰

ㅙ = 괘, 놰, 돼, 뢔

ㅛ = 교, 뇨, 됴, 료

ㅟ = 귀, 뉘, 뒤, 뤼

ㅝ = 궈, 눠, 둬, 뤄

ㅞ = 궤, 눼, 뒈, 뤠

ㅠ = 규, 뉴, 듀, 류

ㅢ = 긔, 늬, 듸, 릐

6일차

자음 ㄱㄴㄷㄹ + 이중모음 단어 익히기

✏️ 다음을 보며 자음과 모음의 조합으로 이루어진 단어를 익혀 보세요.

 겨 울

 교 과 서

 계 절

 귀 엽 다

 계 획

 뒤 쪽

 괴 로 움

 돼 지

 뉴 스

 교 실

 듀 공 *

* 듀공: 듀공과의 바다 포유류를 의미함.

✎ 앞서 공부한 어휘로 문장을 완성해 보세요.

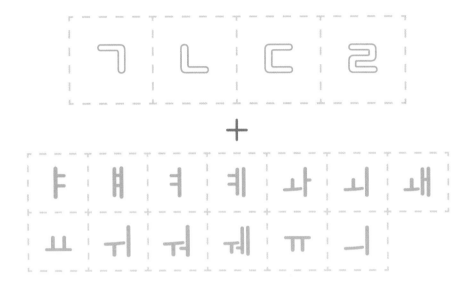

ㄱ ㄴ ㄷ ㄹ

+

ㅑ ㅒ ㅕ ㅖ ㅘ ㅚ ㅙ
ㅛ ㅟ ㅝ ㅞ ㅠ ㅢ

겨 울

계 절

　　　 은 내가 제일

좋아하는 　　　　 이다.

또래 친구가 쓴 글 살펴보기

✎ 빈칸을 채우고 친구가 쓴 문장을 따라 써 보세요.

귀	여	운

동생이 환하게 웃는다.

칸에 써 보기

방학 | 계 | 획 | 표 | 를 만들었다.

칸에 써 보기

내가 좋아하는 | 과 | 일 | 은 수박이다.

칸에 써 보기

돼	지

는 꿀꿀거리며 운다.

칸에 써 보기

✏️ 다음을 읽고 자음과 모음의 조합 원리를 이해하세요.

7일차

ㅁ	ㅂ	ㅅ	+	ㅑ	=	먀, 뱌, 샤
				ㅒ	=	먜, 뱨, 섀
				ㅕ	=	며, 벼, 셔
				ㅖ	=	몌, 볘, 셰
				ㅘ	=	뫄, 봐, 솨
				ㅚ	=	뫼, 뵈, 쇠
				ㅙ	=	뫠, 봬, 쇄
				ㅛ	=	묘, 뵤, 쇼
				ㅟ	=	뮈, 뷔, 쉬
				ㅝ	=	뭐, 붜, 숴
				ㅞ	=	뭬, 붸, 쉐
				ㅠ	=	뮤, 뷰, 슈
				ㅢ	=	믜, 븨, 싀

자음 ㅁ ㅂ ㅅ + 이중모음 단어 익히기

✏️ 다음을 보며 자음과 모음의 조합으로 이루어진 단어를 익혀 보세요.

 샤 워

 쇠 고 기

 며 칠

 뷔 페

 벼 농 사

 쉬 다

 뵈 다

 뭐 야 ?

 쇠 뿔

 뮤 지 컬

 묘 사

 슈 크 림

정확한 어휘로 한 줄 문장 쓰기

✎ 앞서 공부한 어휘로 문장을 완성해 보세요.

| ㅁ | ㅂ | ㅅ |

+

| ㅑ | ㅒ | ㅕ | ㅖ | ㅘ | ㅚ | ㅙ |
| ㅛ | ㅟ | ㅝ | ㅞ | ㅠ | ㅢ |

| 벼 | 농 | 사 |

| 묘 | 사 |

| | | 를 하는 농부의

모습을 그림으로 | | 했다.

또래 친구가 쓴 글 살펴보기

✎ 빈칸을 채우고 친구가 쓴 문장을 따라 써 보세요.

샤	워

를 하는 것은 개운한 일이다.

칸에 써 보기

나는 할아버지를

뵈	러

갈 계획을 세웠다.

칸에 써 보기

어린이

뮤	지	컬

을 보는 것은 즐겁다.

칸에 써 보기

뷔	페

에 가서 맛있는 음식을 먹었다.

칸에 써 보기

7일차

✎ 다음을 읽고 자음과 모음의 조합 원리를 이해하세요.

8일차

	ㅑ	=	야, 쟈, 챠	
	ㅒ	=	애, 쟤, 챼	
	ㅕ	=	여, 져, 쳐	
	ㅖ	=	예, 졔, 쳬	
ㅇ +	ㅘ	=	와, 좌, 촤	
	ㅚ	=	외, 죄, 최	
ㅈ +	ㅙ	=	왜, 좨, 쵀	
	ㅛ	=	요, 죠, 쵸	
ㅊ +	ㅟ	=	위, 쥐, 취	
	ㅝ	=	워, 줘, 춰	
	ㅞ	=	웨, 줴, 췌	
	ㅠ	=	유, 쥬, 츄	
	ㅢ	=	의, 즤, 츼	

익힘 2 자음 ㅇ ㅈ ㅊ + 이중모음 단어 익히기

다음을 보며 자음과 모음의 조합으로 이루어진 단어를 익혀 보세요.

 야 외

 위 험

 여 름

 의 사

 여 행

 쥐 구 멍

 외 갓 집

 취 미

 요 일

 유 행

 요 리 사

 쥐 라 기

8일차

정확한 어휘로 한 줄 문장 쓰기

✏️ 앞서 공부한 어휘로 문장을 완성해 보세요.

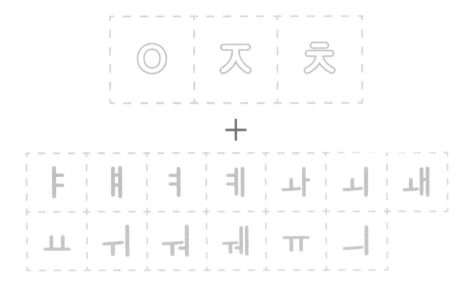

○	ㅈ	웇

+

ㅑ	ㅐ	ㅕ	ㅔ	ㅘ	ㅚ	ㅙ
ㅛ	ㅟ	ㅝ	ㅖ	ㅠ	ㅢ	

여	름	방	학

외	할	머	니

을 맞아

댁에 갔다.

8월차

✎ 빈칸을 채우고 친구가 쓴 문장을 따라 써 보세요.

| 여 | 행 | 을 가서 사진을 많이 찍었다.

칸에 써 보기

내가 좋아하는 | 요 | 일 | 은 토요일이다.

칸에 써 보기

| 쥐 | 구 | 멍 | 에도 볕들 날이 있다.[*]

칸에 써 보기

요즘 서진이의 | 취 | 미 | 는 슬라임이다.

칸에 써 보기

* 쥐구멍에도 볕들 날이 있다 : 아무리 힘들어도 언젠가 좋은 날이 온다.

✎ 다음을 읽고 자음과 모음의 조합 원리를 이해하세요.

9월 1차

ㅋ
ㅌ
ㅍ
ㅎ

+

ㅑ = 캬, 탸, 퍄, 햐

ㅒ = 캐, 턔, 퍠, 햬

ㅕ = 켜, 텨, 펴, 혀

ㅖ = 켸, 톄, 폐, 혜

ㅘ = 콰, 톼, 퐈, 화

ㅚ = 쾨, 퇴, 푀, 회

ㅙ = 쾌, 퇘, 퐤, 홰

ㅛ = 쿄, 툐, 표, 효

ㅟ = 퀴, 튀, 퓌, 휘

ㅝ = 쿼, 퉈, 풔, 훠

ㅞ = 퀘, 퉤, 풰, 훼

ㅠ = 큐, 튜, 퓨, 휴

ㅢ = 킈, 틔, 픠, 희

54

자음 ㅋ ㅌ ㅍ ㅎ + 이중모음 단어 익히기

다음을 보며 자음과 모음의 조합으로 이루어진 단어를 익혀 보세요.

 켜 다

 효 도

 화 장 실

 휘 파 람

 퇴 원

 튜 브

 회 색

 휴 지 통

 회 사 원

 휴 식

 표 현

 휴 게 소

9일차

정확한 어휘로 한 줄 문장 쓰기

✎ 앞서 공부한 어휘로 문장을 완성해 보세요.

나는 [   ] 에 들러

[   ] 에 갔다.

또래 친구가 쓴 글 살펴보기

✏️ 빈칸을 채우고 친구가 쓴 문장을 따라 써 보세요.

| 회 | 색 | 은 내가 가장 좋아하는 색깔이다.

칸에 써 보기

나는 기분이 좋아져서 | 휘 | 파 | 람 | 을 불었다.

칸에 써 보기

| 회 | 사 | 에 가셨던 아버지께서 | 퇴 | 근 | 을 하셨다.

칸에 써 보기

주말에는 | 휴 | 식 | 시간을 갖는 것이 중요하다.

칸에 써 보기

내 싸인을 해요

✎ 다음을 읽고 자음과 모음의 조합 원리를 이해하세요.

10일차

ㄲ
ㄸ
ㅃ
ㅆ
ㅉ

+

ㅑ = 꺄, 땨, 뺘, 쌰, 쨔

ㅒ = 깨, 때, 빼, 쌔, 째

ㅕ = 껴, 뗘, 뼈, 쎠, 쪄

ㅖ = 꼐, 뗴, 뼤, 쎼, 쪠

ㅘ = 꽈, 똬, 뽜, 쏴, 쫘

+

ㅚ = 꾀, 뙤, 뾔, 쐬, 쬐

ㅙ = 꽤, 뙈, 뽸, 쐐, 쫴

+

ㅛ = 꾜, 뚀, 뾰, 쑈, 쬬

ㅟ = 뀌, 뛰, 쀠, 쒸, 쮜

+

ㅝ = 꿔, 뚸, 뿨, 쒀, 쭤

ㅞ = 꿰, 뛔, 쀄, 쒜, 쮀

ㅠ = 뀨, 뜌, 쀼, 쓔, 쮸

ㅢ = 끠, 띄, 쁴, 씌, 쯰

자음 ㄲ ㄸ ㅃ ㅆ ㅉ + 이중모음 단어 익히기

다음을 보며 자음과 모음의 조합으로 이루어진 단어를 익혀 보세요.

 껴 안 다

 꾀 병

 껴 들 다

 쬐 다

 뼈 다 귀

 쐬 다

 꽈 배 기

 꿰 뚫 다

 쏴 아

 꿰 매 다

정확한 어휘로 한 줄 문장 쓰기

✎ 앞서 공부한 어휘로 문장을 완성해 보세요.

비가 [   ] 하고 내린 뒤

따뜻한 햇볕이 내리 [   ] .

✎ 빈칸을 채우고 친구가 쓴 문장을 따라 써 보세요.

나는 | 꽈 | 배 | 기 | 처럼 몸을 배배 꼬았다.

칸에 써 보기

찻길에서 | 껴 | 드 | 는 | 것은 위험한 일이다.

칸에 써 보기

| 꾀 | 병 | 을 부린 사실이 들통났다.

칸에 써 보기

엄마께서 찢어진 옷을 | 꿰 | 매 | 주셨다.

칸에 써 보기

10일차

61

Chapter 3.

받침을

말

✏️ 다음을 읽고 받침의 조합 원리를 이해하세요.

11일차

ㄱ　　구 + ㄱ = 국　　　국자

ㄴ　　도 + ㄴ = 돈　　　돈

ㄷ　　다 + ㄷ = 닫　　　닫다

ㄹ　　도 + ㄹ = 돌　　　돌

ㅁ　　무 + ㅁ = 뭄　　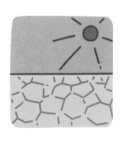　가뭄

받침 ㄱㄴㄷㄹㅁ으로 이루어진 단어 익히기

다음의 받침 조합으로 이루어진 단어를 익혀 보세요.

 약 속

 돋 보 기

 미 역

 보 물

 식 물

 얼 굴

 국 수

 돌 다 리

 손 수 건

 봄

 만 두

 구 름

 어 린 이

 염 소

11일차

65

정확한 어휘로 한 줄 문장 쓰기

✎ 앞서 공부한 어휘로 문장을 완성해 보세요.

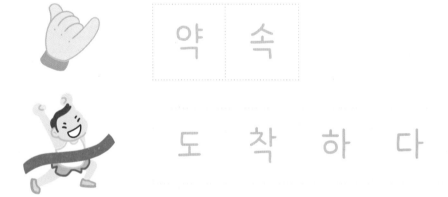 약 속

도 착 하 다

시간에 늦지 않게

.

또래 친구가 쓴 글 살펴보기

✎ 빈칸을 채우고 친구가 쓴 문장을 따라 써 보세요.

| 떡 | 국 |에는| 만 | 두 |를 넣어야 맛있다.

칸에 써 보기

| 온 | 도 |가 40도를 넘는 더위가 계속되었다.

칸에 써 보기

7가지 | 물 | 감 |을 사용하여 무지개를 그렸다.

칸에 써 보기

| 먹 | 구 | 름 |이 하늘에 드리우고 곧 비가 왔다.

칸에 써 보기

내 싸인을 해요

✏️ 다음을 읽고 받침의 조합 원리를 이해하세요.

12일차

ㅂ   바 + ㅂ = 밥   국밥

ㅅ   솟 + ㅅ = 솟    솟다

ㅇ   빠 + ㅇ = 빵   식빵

ㅈ   느 + ㅈ = 늦    늦다

ㅊ   비 + ㅊ = 빛    눈빛

받침 ㅂㅅㅇㅈㅊ으로 이루어진 단어 익히기

다음의 받침 조합으로 이루어진 단어를 익혀 보세요.

 김 밥

 병 아 리

 춥 다

 낮 잠

 손 잡 이

 햇 빛

 깃 털

 벚 꽃

 버 섯

 짖 다

 씨 앗

 윷 놀 이

 장 화

 쫓 다

12일차

✏ 앞서 공부한 어휘로 문장을 완성해 보세요.

ㄱ ㄴ ㄷ ㄹ ㅁ   ㅏ ㅑ ㅓ ㅕ ㅣ
ㅂ ㅅ ㅇ ㅈ ㅊ   ㅗ ㅛ ㅜ ㅠ ㅡ
ㅋ ㅌ ㅍ ㅎ   ㅐ ㅒ ㅔ ㅖ ㅢ
ㄲ ㄸ ㅃ ㅆ ㅉ   ㅚ ㅘ ㅙ ㅟ ㅝ ㅞ

ㅂ   ㅅ   ㅇ   ㅈ   ㅊ

강 아 지

쫓 다

      가 큰 소리로 짖으며

도둑을   .

12일차

✎ 빈칸을 채우고 친구가 쓴 문장을 따라 써 보세요.

김	밥

에는 다양한 채소가 들어간다.

칸에 써 보기

씨	앗

을 뿌리고 물을 주었더니 싹이 돋았다.

칸에 써 보기

더위 때문에 이마에 땀방울이

맺	혔	다

.

칸에 써 보기

고양이는

햇	빛

아래에서

낮	잠

을 잔다.

칸에 써 보기

12일차

71

✏️ 다음을 읽고 받침의 조합 원리를 이해하세요.

13일차

ㅋ	녀 + ㅋ = 녘	북녘
ㅌ	거 + ㅌ = 겉	겉옷
ㅍ	노 + ㅍ = 높	 높이
ㅎ	조 + ㅎ = 좋	좋다
ㄲ	무 + ㄲ = 묶	묶다
ㅆ	사 + ㅆ = 샀	 샀다

받침 ㅋ ㅌ ㅍ ㅎ ㄲ ㅆ으로 이루어진 단어 익히기

✏️ 다음의 받침 조합으로 이루어진 단어를 익혀 보세요.

 해 질 녘

 낳 다

 부 엌

 놓 다

 꽃 밭

 노 랗 다

 가 마 솥

 낚 시

 무 릎

 닦 다

 나 뭇 잎

 꺾 다

 깻 잎

 찼 다

13회차

정확한 어휘로 한 줄 문장 쓰기

✎ 앞서 공부한 어휘로 문장을 완성해 보세요.

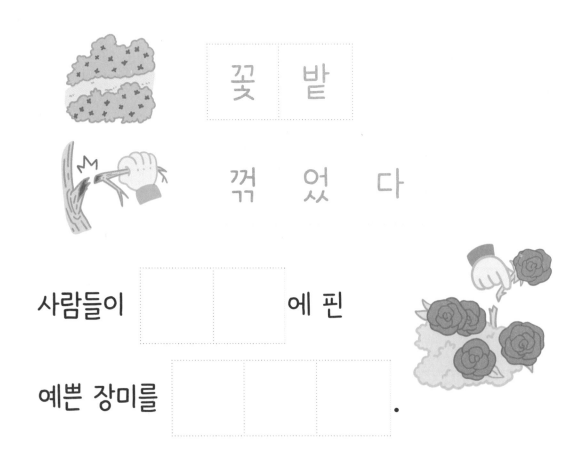

꽃 밭

꺾 었 다

사람들이 ⬚⬚ 에 핀

예쁜 장미를 ⬚⬚ .

74

또래 친구가 쓴 글 살펴보기

✎ 빈칸을 채우고 친구가 쓴 문장을 따라 써 보세요.

저녁을 먹고 | 부 | 엌 | 에서 설거지를 하였다.

칸에 써 보기

| 나 | 뭇 | 잎 | 이 | 빨 | 갛 | 게 | 물들었다.

칸에 써 보기

| 낚 | 시 | 로 잡은 큰 물고기를 요리했다.

칸에 써 보기

어두운 동굴 | 밖 | 으로 나와서 촛불을 | 껐 | 다 | .

칸에 써 보기

받침 ㄳ ㄵ ㄶ ㄺ ㄻ 을 사용하는 말

✏️ 다음을 읽고 겹자음 받침의 조합 원리를 이해하세요.

 **ㄳ**   품삯

 **ㄵ**  앉다

 **ㄶ**  많다

ㄳ은 ㄱ으로

ㄵ은 ㄴ으로

ㄶ은 ㄴ으로

ㄺ은 ㄱ으로

ㄻ은 ㅁ으로

소리 납니다.

 **ㄺ**  읽다

 **ㄻ**   삶다

✎ 다음을 보며 겹받침 조합으로 이루어진 단어를 익혀 보세요.

 넋 두 리   닭 고 기

 몫   긁 다

 끼 얹 다   닮 다

 끊 다   삶

 앉 다   젊 은 이

 괜 찮 다   옮 기 다

14일차

77

정확한 어휘로 한 줄 문장 쓰기

✎ 앞서 공부한 어휘로 문장을 완성해 보세요.

긁	었	다

괜	찮	다

실수로 책상을 ⬚ ⬚ .

선생님께서는 ⬚ ⬚ 고 해주셨다.

또래 친구가 쓴 글 살펴보기

✏️ 빈칸을 채우고 친구가 쓴 문장을 따라 써 보세요.

나는 | 귀 | 찮 | 다 | 는 말을 하는 습관이 있다.

칸에 써 보기

친구에게 물을 | 끼 | 얹 | 는 | 것은 나쁜 행동이다.

칸에 써 보기

| 닭 | 고 | 기 | 는 건강에 좋은 음식이다.

칸에 써 보기

감기를 | 옮 | 기 | 지 | 않도록 마스크를 써야한다.

칸에 써 보기

받침 ㄼ ㄽ ㄾ ㄿ ㅀ ㅄ 를 사용하는 말

✎ 다음을 읽고 겹자음 받침의 조합 원리를 이해하세요.

15일차

ㄼ	8	여덟
ㄽ		외곬*
ㄾ		핥다
ㄿ		읊다
ㅀ		싫다
ㅄ		없다

ㄼ은 ㄹ으로

ㄽ은 ㄹ으로

ㄾ은 ㄹ으로

ㄿ은 ㅂ으로

ㅀ은 ㄹ으로

ㅄ은 ㅂ으로

소리 납니다.

* 외곬 : 한곳으로만 향하는 길

✏️ 다음을 보며 겹받침 조합으로 이루어진 단어를 익혀 보세요.

 넓 다

 앓 다

 외 곬

 옳 다

 겉 핥 다

 잃 다

 읊 다

 값

 싫 다

 없 다

 끓 다

 가 엾 다

정확한 어휘로 한 줄 문장 쓰기

✎ 앞서 공부한 어휘로 문장을 완성해 보세요.

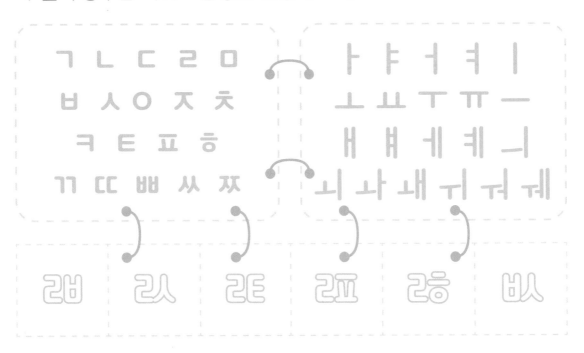

끓는다

옳지 않다

물이 ⬚⬚ .

냄비를 만지는 것은 ⬚⬚⬚ .

또래 친구가 쓴 글 살펴보기

✎ 빈칸을 채우고 친구가 쓴 문장을 따라 써 보세요.

| 집 | 값 | 이 비싸다는 말을 들었다.

칸에 써 보기

길에 있는 고양이가 | 가 | 엾 | 다 | 고 생각했다.

칸에 써 보기

서준이는 감기를 | 앓 | 았 | 다 | .

칸에 써 보기

나쁜 습관을 | 없 | 애 | 는 | 것이 좋다.

칸에 써 보기

Chapter 4.

주제별

글쓰기

실전 연습

✏️ 다음을 읽고 주제에 맞는 글쓰기를 시작해 보세요.

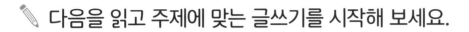

가족에 대한 일기 이렇게 써 봐!

❶ 나의 가족은 몇 명일까?

❷ 가족이 좋아하는 것은 무엇이 있을까?

❸ 가족은 어떻게 생겼을까?

❹ 가족이 잘하는 것은 무엇일까?

❺ 우리 가족에 대해 어떻게 생각해?

16일차

주제와 관련된 단어 익히기

✏️ 다음을 보며 주제와 관련된 단어를 익혀 보세요.

 아 빠

 동 생

 엄 마

 음 식

 오 빠

 요 리

 형

 안 경

 언 니

 아 끼 다

 누 나

 따 뜻 한

16일차

정확한 어휘로 한 줄 문장 쓰기

✎ 앞서 공부한 어휘로 문장을 완성해 보세요.

동 생

농 구

내 [ ][ ] 은 키가 작지만

[ ][ ] 를 잘 한다.

또래 친구가 쓴 글 살펴보기

✎ 빈칸을 채우고 친구가 쓴 문장을 따라 써 보세요.

나의 | 가 | 족 | 은 모두 | 셋 | 이다.

칸에 써 보기

아 | 빠 | 는 먹을 것을 좋아하시며 | 요 | 리 | 를 잘하신다.

칸에 써 보기

엄 | 마 | 는 책 읽기를 좋아하시고 | 안 | 경 | 을 쓰셨다.

칸에 써 보기

서로를 아끼며 생각하는 | 따 | 뜻 | 한 | 가족이다.

칸에 써 보기

16일차

계절을 나타내는 글

✎ 다음을 읽고 주제에 맞는 글쓰기를 시작해 보세요.

계절에 대한 일기 이렇게 써 봐!

❶ 우리나라의 사계절은 무엇이 있을까?

_____

_____

❷ 봄의 자연의 모습을 설명할 수 있을까?

_____

_____

❸ 여름의 날씨는 어때?

_____

_____

❹ 가을에 나무는 어떤 색으로 바뀌지?

_____

_____

❺ 겨울에는 어떤 옷을 입어?

_____

_____

17일차

주제와 관련된 단어 익히기

다음을 보며 주제와 관련된 단어를 익혀 보세요.

 봄

 더 위

 여 름

 장 마

 가 을

 나 뭇 잎

 겨 울

 붉 다

 사 계 절

 두 꺼 운

 새 싹

 외 투

17일차

✏️ 앞서 공부한 어휘로 문장을 완성해 보세요.

| 여 | 름 |

| 장 | 마 |

의 무더위가 지나고

가 와서 많은 비가 내린다.

또래 친구가 쓴 글 살펴보기

✎ 빈칸을 채우고 친구가 쓴 문장을 따라 써 보세요.

우리나라는 | 사 | 계 | 절 | 이 있다.

칸에 써 보기

봄 | 에는 파란 | 새 | 싹 | 이 돋아난다.

칸에 써 보기

여 | 름 | 에는 무더위로 땀이 흐른다.

칸에 써 보기

겨 | 울 | 에는 몸이 꽁꽁 얼어 외투를 입어야 한다.

칸에 써 보기

17일차

시간(시계)를 나타내는 글

✎ 다음을 읽고 주제에 맞는 글쓰기를 시작해 보세요.

시간(시계) 일기 이렇게 써 봐!

❶ 오늘은 몇 월 며칠이야?

----

❷ 지금 시각은 몇 시 몇 분이야?

----

❸ 오늘은 아침 몇 시에 일어났어?

----

❹ 학교에서 돌아온 시간은 몇 시였어?

----

❺ 오늘 있었던 일을 시간 순서대로 이야기해 볼래?

18일차

주제와 관련된 단어 익히기

다음을 보며 주제와 관련된 단어를 익혀 보세요.

 시 계

 어 제

 달 력

 오 늘

 시 간

 내 일

 요 일

 몇 월

 날 짜

 몇 시

 며 칠

 몇 분

정확한 어휘로 한 줄 문장 쓰기

✎ 앞서 공부한 어휘로 문장을 완성해 보세요.

달	력

월	요	일

| | | 을 보니 오늘은 |

| | | 이다. |

또래 친구가 쓴 글 살펴보기

✏️ 빈칸을 채우고 친구가 쓴 문장을 따라 써 보세요.

| 오 | 늘 |은| 삼 | 월 | 칠 | 일 |이다.

칸에 써 보기

아침에 일어나니 | 일 | 곱 | 시 |가 넘었다.

칸에 써 보기

| 한 | 시 |가 되면 학교에서 돌아오는 시간이다.

칸에 써 보기

내일은 내가 가장 좋아하는 | 토 | 요 | 일 |이다.

칸에 써 보기

18일차

97

✎ 다음을 읽고 주제에 맞는 글쓰기를 시작해 보세요.

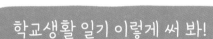

학교생활 일기 이렇게 써 봐!

❶ 오늘 학교에서 만난 사람은 누구누구야?

_____

_____

❷ 오늘 학교에서 가장 재미있는 일은 뭐였어?

_____

_____

❸ 그 일이 가장 재밌었던 이유는 뭐야?

_____

_____

❹ 학교 친구들 중에 가장 친한 친구는 누구야?

_____

_____

❺ 친구의 장점을 세 가지만 적어 볼까?

_____

주제와 관련된 단어 익히기

다음을 보며 주제와 관련된 단어를 익혀 보세요.

 친 구

 수 업

 교 실

 숙 제

 교 과 서

 공 부

 선 생 님

 방 학

 급 식

 개 학

 운 동 장

 새 학 기

19일차

✎ 앞서 공부한 어휘로 문장을 완성해 보세요.

방	학

친	구	들

| | | 동안 못 보았던

| | | 을 만났다.

또래 친구가 쓴 글 살펴보기

✎ 빈칸을 채우고 친구가 쓴 문장을 따라 써 보세요.

운	동	장

에서 | 친 | 구 | 를 만났다.

칸에 써 보기

방	학	숙	제

였던 줄넘기를 하며 놀았다.

칸에 써 보기

선	생	님

께서 우리를 칭찬해 주셨다.

칸에 써 보기

내일도 | 학 | 교 | 에 갈 생각에 설렌다.

칸에 써 보기

19일차

101

✎ 다음을 읽고 주제에 맞는 글쓰기를 시작해 보세요.

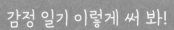
감정 일기 이렇게 써 봐!

❶ 지금 너의 기분은 어때?

----

❷ 그런 기분을 느낀 까닭은 무엇이야?

----

❸ 네가 가장 기분이 좋을 땐 언제야?

----

❹ 기분이 나쁠 땐 어떻게 하는 편이야?

----

❺ 오늘 너의 감정을 한 단어로 적어 볼래?

20일차

주제와 관련된 단어 익히기

다음을 보며 주제와 관련된 단어를 익혀 보세요.

 기 쁘 다   설 레 다

 고 맙 다   슬 프 다

 나 쁘 다   아 쉽 다

 놀 라 다   외 롭 다

 무 섭 다   즐 겁 다

 반 갑 다   화 나 다

20일차

정확한 어휘로 한 줄 문장 쓰기

✎ 앞서 공부한 어휘로 문장을 완성해 보세요.

| 화 | 가 | | 났 | 다 |

| 슬 | 프 | 다 | | |

친구가 | | | | | .

친구와 다투어서 | | | .

익힘 4 또래 친구가 쓴 글 살펴보기

✏️ 빈칸을 채우고 친구가 쓴 문장을 따라 써 보세요.

오랜만에 친구를 만나서 | 반 | 가 | 웠 | 다.

칸에 써 보기

친구와 | 즐 | 겁 | 게 | 놀다 보니 시간이 빨리 갔다.

칸에 써 보기

헤어질 무렵이 되어 | 아 | 쉬 | 움 | 을 느꼈다.

칸에 써 보기

소중한 친구가 있다는 것이 | 고 | 마 | 웠 | 다.

칸에 써 보기

20일차

Part 3

부모님과 선생님이 함께 보는 쓰기력 지도법

주제별 일기

 가족을 나타내는 글 쓰는 방법에 대해 지도하기

1) 우리 가족은 누가 있을까?

2) 소개하고 싶은 가족을 생각해 볼까?

3) 소개하고 싶은 가족은 어떤 특징을 가지고 있을까?

4) 가족이 좋아하는 것은 무엇이 있을까?

5) 나와 가족의 관계는 어떠한지 가족에 대해 어떤 생각을 가지고 있는지 말해 볼까?

 계절을 나타내는 글을 쓰는 방법에 대해 지도하기

1) 계절의 종류를 알고 있을까?

2) 계절별 자연의 모습이 어떤지 생각해 보자.

3) 계절별로 날씨는 어떤지 떠올려 보자.

4) 계절마다 어떤 옷을 입는지 생각해 보자.

5) 가장 좋아하는 계절이 있다면 무엇이며 이유는 무엇인지 적어 보자.

 시간(시계)을 나타내는 글을 쓰는 방법에 대해 지도하기

1) 날짜를 정확히 적을 수 있니?

2) 요일을 모두 정확히 알고 있니?

3) 몇 시 몇 분을 정확히 적을 수 있니?

4) 중요한 일이 일어난 날짜를 기억하고 있니?

5) 아침에 일어나는 시간, 학교에 가는 시간, 학교에서 돌아오는 시간을 알고 있니?

학교생활 일기

📝 학교생활 일기에 대해 지도하기

1) ○○이가 학교에서 경험한 일 중 가장 기억에 남는 일은 무엇이 있을까?

2) 학교생활을 떠올리면 기억에 남는 사람들을 생각나는 대로 정리해 볼까?

3) 그중 어떤 주제에 대해 일기를 쓰고 싶은지 정해 보자.

4) 주제에 대해 어떤 감정을 느꼈는지 나의 느낀 점을 적어 볼까?

5) 이제 친구의 글을 읽어보고 나만의 일기문을 만들어 볼까?

학교생활 일기 쓰기 가이드라인

① 학교생활과 관련된 다양한 어휘를 학습합니다.

② 학교생활을 떠올리면 생각나는 주제를 다양하게 생각해 봅니다.

③ 한 가지 주제를 구체화하여 어떤 일기를 적을지 이야기합니다.

④ 날짜-오늘 있었던 일-느낀 점의 순서로 일기를 쓰게 지도합니다.

⑤ 다 쓴 글을 보며 정확한 표현이 가능하게 지도합니다.

감정 일기

 감정 일기에 대해 지도하기

1) ○○이가 지금 느끼는 감정을 차례로 적어 볼까?

2) 그런 감정을 느끼게 된 이유가 무엇인지 말해 보자.

3) ○○이가 느낀 여러 감정 중에 어떤 감정에 대해 일기를 쓰고 싶은지 정해 보자.

4) 주제의 감정과 관련된 경험을 구체적으로 적어 볼까?

5) 이제 친구의 글을 읽어보고 나만의 일기문을 만들어 볼까?

감정 일기 쓰기 가이드라인

① 자신의 감정을 드러내는 다양한 어휘를 학습합니다.

② 그런 감정을 느끼게 된 이유를 다양하게 생각해 봅니다.

③ 한 가지 감정을 구체화하여 어떤 일기를 적을지 이야기합니다.

④ 날짜 → 오늘 있었던 일 → 느낀 점의 순서로 일기를 쓰게 지도합니다.

⑤ 다 쓴 글을 보며 정확한 표현이 가능하게 지도합니다.